Spreewälder Art

Ein Spreewald - Kochbuch

REGIA Verlag

Kapitel 1

Fisch

Frischer Fisch

Beim Kauf von Fisch sollte man darauf achten, dass die Augen des Fisches noch klar sind, sie dürfen nicht milchig oder tiefliegend sein. Die Kiemen hingegen müssen deutlich erkennbar rot sein. Dann ist der Fisch frisch!
Bei einer sachgemäßen Zubereitung wird der Fisch vorbereitet, indem er gesäubert, gesäuert und gesalzen wird. Beim Säubern sollte der Fisch nicht gewässert, sondern mit reichlich fließendem Wasser schnell gewaschen werden. Beim Ausnehmen wird längs des Bauches mit einem scharfen Messer ein eher oberflächlicher Schnitt gemacht, um die Innereien nicht zu verletzen. Darmanfang und -ende werden dann gelöst und die Eingeweide mit dem Daumen herausgeschoben. Dann kann die innere, etwas dunklere Haut entfernt werden. Jetzt den Fisch wieder unter fließendem Wasser säubern. Geschuppt wird der Fisch vom Schwanzende zum Kopf.
Fisch ist das ganze Jahr hindurch genießbar, am besten ist er vor seiner Laichzeit. Karpfen laicht im Juni und ist im Winterhalbjahr am besten. Hecht laicht im März bis Mai und ist von September bis Februar am leckersten. Hechte bis zu 1 $^1/_2$ kg sind am zartesten, dickere sind gewöhnlich etwas trocken.

Fischfilet im Ofen gebacken

Zutaten
500 g Fischfilet (besonders gut geeignet Hecht),
Tomaten, Lauch, Möhren, Sellerie, Zwiebeln, Lorbeerblatt,
Leinöl (etwa 4 Esslöffel), geriebener Käse

Zubereitung
In eine Auflaufform, die mit Leinöl eingerieben ist, Gemüse und Gewürze einlegen, darauf das Fischfilet (mit Gemüsebrühe vorher benässen). Leinöl und einen Schuss Weißwein darübergießen. Mit geriebenem Käse bestreut in den Ofen geben (220 °C eine reichliche Stunde) und backen.

Fisch in Spreewaldsoße

Zutaten
Fisch (Hecht, Schleie, Aal, Zander)
Zwiebeln, Pfeffer, Salz, Lorbeerblatt

Zubereitung
Der Fisch wird schön sauber geputzt und mit Zwiebeln, Pfeffer, Salz und nur einem Lorbeerblatt angesetzt. Man gibt soviel Wasser dazu, dass die Fische gerade bedeckt sind und kocht sie, bis sich die Flossen abziehen lassen. Inzwischen rührt man saure Sahne, 1/4 Liter müsste es schon sein, bisschen mehr schadet nichts, mit 2 1/2 Esslöffel Mehl an. Den Fisch heraus, die Sahne hinein ins Fischwasser. Aber nur kurz aufwellen lassen. Und nicht zudecken, sonst kommt einem die Soße schon vorher entgegen. Anschließend noch zwei Eier daranquirlen und ein bisschen braune Butter drüber, dann ist's fertig. Alles auf den Suppenteller, und löffeln.

Saurer Hering

Zutaten
Salzheringe, Zwiebeln, Lorbeerblätter, Pimentkörner, saure Sahne

Zubereitung
Salzheringe werden gut gewässert, ausgenommen und filetiert. Anschließend werden sie in Gabelbissenhappen geschnitten. In Ringe geschnittene Zwiebeln, Lorbeerblätter, Pimentkörner und saure Sahne zugeben und einige Stunden unterkühlt durchziehen lassen. Die Gabelbissen werden leicht mit Leinöl übergossen und in einer Keramikschüssel serviert. In Verbindung mit Pellkartoffeln ist saurer Hering eine wahre Delikatesse.

Überbackener Fisch

Zutaten
100g durchwachsener Speck, 1/2 Bund Petersilie,
Schnittlauch, 50g Schnittkäse, 4 Fischfilet à 200g, Saft einer halben Zitrone,
Salz, Pfeffer, Paprika, Tomatenmark, geriebener Meerrettich,
10g Margarine, 4 EL Apfelsaft,
1 kg Salzkartoffeln, 1/2 l Wasser, Salz

Zubereitung
Kartoffeln schälen, gründlich waschen. In einen Topf mit kaltem Wasser geben. Nach 10 Minuten: Speck würfeln, Petersilie und Schnittlauch feinschneiden. Dann den Käse reiben. Nach 16 Min.: Den Backofen auf 200 °C vorheizen. Nach 17 Min.: Kartoffeln salzen und zum Kochen aufsetzen, 25 Min. garen. Nach 18 Min.: Fischfilets säubern und mit dem Saft einer halben Zitrone säuern, salzen. Eine Seite mit Pfeffer und Paprika würzen, mit Tomatenmark und Meerrettich bestreichen. Je die Hälfte der Speckwürfel, Kräuter und vom Käse darauf verteilen. Nach 25 Min.: Eine feuerfeste Form ausfetten, Fischfilets zur Hälfte umgeklappt hineinlegen. Die restlichen Speckwürfel darüber verteilen und den Apfelsaft angießen. Fisch im vorgeheizten Backofen 20 Min. garen. Nach 32 Min.: Fisch mit restlichem Käse bestreuen. Tisch decken. Nach 38 Min.: Vanilleeis, Weinbrand und Mandarinensaft mit dem Quirl gut verrühren und in den Kühlschrank stellen. Erst zum Servieren über das Obst geben. Nach 43 Min.: Kartoffeln abgießen, kurz abdämpfen und dann in eine Schüssel füllen. Nach 45 Min.: Fisch aus dem Backofen nehmen, restliche Kräuter darüberstreuen und servieren.

Frischer Räucherfisch mit Meerrettich

Zutaten
Für ein üppiges Sekt-Frühstück benötigen Sie für vier Personen
800-1000g frischen Räucherfisch in Stücken,
100g Tafelbutter, 1 Bund Petersilie, 1 Bund Schnittlauch,
einige grüne Salatblätter, 4 - 6 Stck. knuspriges Toastbrot,
Pfeffermühle, 1 Teil Petersilie feinhacken

Zubereitung
Die geräucherten Fischfilets sollen auf einem ovalen Teller dekorativ mit Petersilie, Schnittlauch, Salatblättern und Meerrettich angerichtet werden. Dazu Weißbrot und Butter und Pfeffer aus der Mühle und dazu Sekt. – Köstlich!

Forelle blau

Zutaten
Essig, Petersilie, Salz, Zitronenviertel, Salzkartoffeln, Butter

Zubereitung
Die Forellen werden wie die meisten blau zu kochenden Fische nicht geschuppt, nur ausgenommen, wobei man sie am besten am Kopf anfasst, damit der Schleim nicht von den Schuppen abgestreift wird. Man nimmt sie entweder im Wasser aus oder auf einem genässten Brett, wäscht sie nur innen sauber aus, legt sie in eine Schüssel, gießt etwas heißen Essig darüber und lässt sie der Zugluft ausgesetzt 1/4 Stunde stehen, damit sie beim Kochen nicht aufreißen. Inzwischen kocht man Wasser mit dem nötigen Salz auf, legt die Forellen hinein, deckt zu und lässt sie 10 bis 15 Min. je nach Größe ziehen. Forelle sollte nicht mit Essig gekocht werden, weil der äußerst feine Geschmack dadurch beinträchtigt wäre! Danach tragen Sie die Forellen zu Salzkartoffeln auf, beträufeln mit der Zitrone und zerlaufener Butter. Auch mit frisch geriebenem Meerrettich sehr schmackhaft.

Eingelegter Barsch

Zutaten

8 kleine Barsche, 1 Möhre, 1 Stange Meerrettich (5 cm),
1 Stange Ingwer (3cm), 2 rote Zwiebeln, 1/2 l Weißwein-Essig,
400g Zucker, 1 EL Pimentkörner, 2 EL Senf, 2 - 3 Lorbeerblätter

Zubereitung

Barsche ausnehmen, schuppen, waschen, trockentupfen und von innen und außen salzen. In Mehl wenden und in heißem Fett von beiden Seiten je nach Größe 5-8 Min. braten. Inzwischen Möhre, Ingwer, Meerrettich und Zwiebeln schälen und in feine Scheiben schneiden. Essig und Zucker aufkochen. Gewürze und übrige Zutaten hineingeben und 5 Min. darin ziehen lassen. Fische in eine Form legen und den Essigsud darübergießen. Die Barsche mindestens 3 Tage ziehen lassen.

Rotbarschfilet

Zutaten
500 g Rotbarschfilet, Gemüsebrühe, Tomaten, Porree, Zwiebeln,
1 Lorbeerblatt, 1/8 l Weißwein, 3 EL Leinöl, Schnittkäse

Zubereitung
Eine Auflaufform mit etwas Leinöl einreiben, Tomaten, Porree und Zwiebeln einlegen. Die Rotbarschfilets mit Gemüsesud einreiben und hineinlegen. Mit Leinöl und Weißwein begießen. Bei 220 - 250°C ca. eine Stunde im Ofen backen.

Hecht mit Spreewälder Soße

Zutaten
400g gesäuberter Fisch pro Person,
helles Bier, Wasser, 1 große Zwiebel,
Pfefferkörner, Lorbeerblatt, Salz,
Suppenwürze, Butter, Mehl,
saure Sahne, Petersilie

Zubereitung
3/4 Teile Wasser und 1/4 Teil helles Bier mit der in Scheiben geschnittenen Zwiebel und den Gewürzen gut durchkochen. Den Topf von der Kochstelle nehmen. Den Fisch in Portionsstücke schneiden, in die Brühe legen und alles ganz langsam köcheln, bis der Fisch gar ist.
Die Hechtstücke vorsichtig herausnehmen und in einer genügend großen Terrine warmstellen. Den Fischsud durchgießen und wieder zum Kochen bringen. In reichlich saurer Sahne Mehl anquirlen, unter die Brühe rühren und aufkochen. Mit Suppenwürze und, falls nötig, mit Salz abschmecken. Ein großes Stück Butter bräunen und unterrühren.

Hecht blau mit Meerrettich

Zutaten
Petersilie, Zitronenviertel,
Butter, geriebener Meerrettich,
Zwiebeln, Pfeffer, Gewürzkörner,
1 Lorbeerblatt,
hartgekochte, gehackte Eier

Zubereitung
Kleine Hechte werden ausgenommen, nicht geschuppt, sondern nur innen sauber gewaschen, gekrümmt und blaugekocht. Beim Anrichten verziert man sie mit Petersilie und Zitronenviertel und reicht frische oder zerlassene Butter und geriebenen, mit Essig, etwas Zucker und hartgekochten gehackten Eiern angerührten Meerrettich dazu.
Für große, ganz zu kochende Hechte lässt man Wasser mit 2 EL Butter, einigen Zwiebeln, Pfeffer und Gewürzkörnern, 1 Lorbeerblatt und dem nötigen Salz zum Kochen kommen, legt den Fisch hinein, lässt ihn 5 Min. sacht kochen und dann zugedeckt zur Seite noch fast 1/2 Stunde ziehen, wenn es ein Hecht von 1 bis 2 kg ist. Man garniert ihn mit Petersilie und Zitronenscheiben, steckt ihm seine als Leckerbissen geschätzte mitgekochte Leber und ein Ästchen Petersilie quer ins Maul und reicht zerlassene Butter oder heiße Sardellenbutter oder Meerrettich dazu.

Hecht in Sahnesoße

Zutaten
1 Hecht ca. 2kg, Zitronensaft,
Salz, 50g Butter, 250g Schlagsahne,
200ml trockener Weißwein, 1 Röhrchen Kapern,
1 EL Mehl, grober Pfeffer, etwas Zucker,
50g frischer Meerrettich

Zubereitung
Hecht ausnehmen, schuppen, waschen und in Stücke schneiden. Mit Zitronensaft beträufeln und salzen. Butter erhitzen. Fischstücke trockentupfen und von beiden Seiten in heißem Fett anbraten. Mit Sahne und Weißwein ablöschen und zugedeckt 15 Min. garen. Fisch warmstellen. Kapern in den Fischsud geben und Soße anrichten. Mit Salz, Pfeffer und Zucker würzen. Fisch wieder in die Soße geben. Meerrettich schälen und in dünne Scheiben darüberhobeln. Dazu passt gekochter Reis.

Hering mit Leinöl

Zutaten
Salzheringsfilet, Zwiebelringe
Pfefferkörner, Gewürzkörner, Lorbeerblätter
Senf (mittelscharf), Leinöl

Zubereitung
Die Salzheringfilets in Gabelstücke schneiden, in einen flachen Keramiktopf abwechselnd mit den Gewürzzutaten und den Zwiebelringen schichten und jeweils mit einer Schicht Senf alles bestreichen. Auf die erste Schicht weitere Schichten aufbringen. Nach der letzten Lage mit reichlich Leinöl übergießen, bis alles abgetaucht ist. Den Heringstopf 24 Stunden ziehen lassen und danach vorzugsweise mit Schwarzbrot essen.

Geschmorter Karpfen

Zubereitung
Der Karpfen wird geschuppt, ausgenommen und gewaschen, eingesalzen und eine Stunde liegen gelassen. Mit aller Art Wurzelwerk, etwas Gewürz, Zitronenschale und reichlich Butter lässt man ihn halb weichdünsten, dann gießt man ein Glas weißen Wein dazu, drückt den Saft einer Zitrone daran und lässt den Fisch vollends weichschmoren. Vor dem Anrichten wird der Karpfen herausgenommen und die Sauce durchgeschlagen. Dieser Karpfen, so einfach er ist, schmeckt sehr gut, doch muß man Acht haben, dass er sich nicht an Bauch und Hüften ansetzt.

Karpfen auf andere Art

Zutaten
130g Butter, Wacholderbeeren,
Thymian, Zitronenschale, Mehl,
Fleischbrühe, Braunbier, Essig, Salz, Zucker

Zubereitung
In der Butter röstet man soviel Mehl braun, als die Butter annimmt, tut alle Ingredienzien wie bei dem blaugesottenen Karpfen dazu und fügt dazu noch einige Wacholderbeeren, etwas Thymian und Zitronenschale und lässt alles mit dem Mehl etwas verschwitzen. Dieses wird dann mit 1/2 Liter Fleischbrühe, 1/2 Liter Braunbier und einem Teelöffel voll Essig aufgefüllt und so muss alles gehörig durchkochen. Der Karpfen wird reingeschuppt, in Stücke geschnitten, in ein Kasserolle gelegt und mit der Soße durch ein Brühsieb übergossen. Dazu tut man 65g Salz und 1 knappen Speiselöffel Zucker und lässt die Karpfenstücke darin garkochen. Sollte man nicht genug Soße bekommen, so gibt man noch etwas Fleischbrühe oder Wasser zu.

Tomaten-Meerrettich-Karpfen

Zutaten
1000 - 1500g Karpfenfilet, 5 EL Tomatenmark, 5 EL geriebener Meerrettich, 4 Zwiebeln, 3 Gewürzgurken, 75g Margarine, Salz, Pfeffer, Petersilie

Zubereitung
Das wie üblich vorbereitete Karpfenfilet (säubern, säuern, salzen) in Portionsstücke teilen und in eine leicht gefettete feuerfeste Form legen. Das Tomatenmark mit dem geriebenen Meerrettich mischen und mit Salz und Pfeffer abschmecken. Die Filetstücke mit Scheiben von Gewürzgurken und Zwiebelringen belegen, mit der Tomaten-Meerrettich-Mischung bestreichen, ein paar Margarineflöckchen obenauf setzen und das Gericht etwa 20 Minuten bei mittlerer Hitze in der Röhre garziehen lassen. Als Beilage Reis oder Weißbrot und Kopfsalat.

Gedünsteter Karpfen in Meerrettichsoße

Zutaten
3 - 4 Kartoffeln, 3 Zitronen,
1 Bund Petersilie, 100g Butter,
1 kochfertiger Karpfen von etwa 1kg,
1 gestrichener TL Salz, 1 - 2 Tassen Wasser,
4 EL geriebener Meerrettich, 1/8 l saure Sahne

Zubereitung
Die Kartoffeln waschen und schälen. 2 Zitronen auspressen, die dritte in sehr dünne Scheibchen schneiden. Die Butter ebenfalls in dünne Scheibchen schneiden. Die Petersilie waschen, abtropfen lassen, kleinschneiden und zugedeckt aufbewahren. Den Backofen auf 175°C vorheizen. Den Karpfen innen und außen kalt waschen und innen mit dem Salz einreiben. Die Kartoffeln in den Karpfenbauch schieben, bis der Karpfen gut steht. Den Karpfen in eine feuerfeste Form stellen, mit Zitronensaft beträufeln, völlig mit den Butterscheibchen belegen und auf die Butter die Zitronenscheibchen geben. Das Wasser ringsumgießen und die Platte auf den Bratrost auf der untersten Schiene in den vorgeheizten Backofen schieben. Den Fisch 30 Minuten dünsten lassen. Den garen Karpfen auf eine vorgewärmte Platte legen und den Dünstsaft mit dem Meerrettich, der sauren Sahne und der Petersilie in der Kasserolle verrühren und noch einmal gut erhitzen, aber die Soße nicht kochen lassen. Salzkartoffeln und Kopfsalat oder marinierte Rote Beete aus dem Glas werden dazu gegessen.

Karpfen gedämpft

Zutaten
130g Butter, 1/2 l Wasser,
2 große Zwiebeln,
Bund Sellerie,
2 Möhren,
einige Petersilienwurzeln,
1 Zitrone, 65g Sardellen,
ganzer Pfeffer, Neuwürze,
Nelken, Muskatblume,
Ingwer, Karpfen (1 1/2 - 2 kg),
eventuell Weißwein

Zubereitung
Der Karpfen wird geschuppt, in Stücke geschnitten und abgewaschen, dann lässt man ihn rein ablaufen, salzt danach jedes Stück ein und lässt ihn eine Stunde stehen. Die größte Hälfte der Butter legt man auf den Boden der Kasserolle, worin man den Fisch kochen will, darauf das Wurzelwerk und Gewürz, dann den Karpfen und obenauf die Butter. Man deckt die Kasserolle recht fest zu, am liebsten verklebt man den Deckel. So lässt man den Fisch eine reichliche Stunde auf gelindem Feuer dämpfen und gießt dann kurz vor dem Anrichten nach Belieben noch ein Glas weißen Weins dazu. Die Sauce wird durch das Brühsieb gerieben.

Karpfen in Bier kochen

Zutaten
Bier, eine Zitrone, Kardamom,
1 EL Zucker, Salz, 6 Stück Nelken,
Pfefferkörner, etwas Wurzelwerk,
Butter, Essig
(Man rechnet auf 1 1/2 kg Karpfen
1 Liter Bier und 140g Butter)

Zubereitung
Der Karpfen wird, nachdem das Eingeweide herausgenommen ist, in zwei Hälften geteilt, dann eingesalzen und eine Stunde zugedeckt stehengelassen. Hierauf gießt man eine Kasserolle halb voll Weißbier, tut die in Scheiben geschnittene Zitrone, etwas Kardamom, Zucker, etwas Salz, Nelken, einige Pfefferkörner, etwas Wurzelwerk und reichlich Butter hinein und lässt es bis zum Kochen kommen. Der Karpfen wird mit einem Tuch rein abgewischt, in Stücke geschnitten, mit dem Bündel in die Kasserolle zum Bier gelegt, mit dem in etwas Essig aufgefangenen Blut übergossen und gar gekocht. Man muß sich beim Kochen vorsehen, dass das Bier nicht überschießt, da dies das Bier sehr schnell tut, auch muss es gut geschäumt werden. Beim Anrichten belegt man den Fisch mit Zitronenscheiben, beträufelt ihn mit brauner Butter und gibt die Brühe, worin er kochte, und Salzkartoffeln dazu.

Karpfen gebraten

Zutaten
Zitronensaft, Mehl,
6 Stück Sardellen,
Thymian, Basilikum,
Petersilie, Zitronenschale,
Ei, geriebene Semmel,
125g Butter, Weißwein

Zubereitung
Ein drei- bis vierpfündiger Karpfen wird geschuppt, gewaschen und abgetrocknet, auf einen Teller gelegt, mit Salz bestreut und auf der nach oben liegenden Seite mit schrägen Einschnitten versehen, mit Zitronensaft betropft und mit Mehl bestäubt. Die Sardellen, Thymian und Basilikum, Petersilie und ein kleines Stück Zitronenschale werden recht fein gewiegt. Mit der Hälfte dieses Gewiegten bestreicht man den Karpfen, dann mit geschlagenem Ei und bestreut ihn mit etwas geriebener Semmel. In eine passende, nicht zu große Pfanne legt man den Karpfen auf Bratenhölzer, gibt 125g Butter, die andere Hälfte der gewiegten Sardellen und Kräuter, ein Glas Weißwein und einen reichlichen Esslöffel geriebener Semmel dazu und brät den Karpfen bei langsamem Feuer und unter öfterem Begießen. Der Karpfen wird nicht gewendet während des Bratens; beim Anrichten hebt man ihn mit dem Bratenholz und lässt ihn vorsichtig auf den Teller gleiten. Sollte die Sauce zu sämig sein, so gibt man etwas gute Brühe daran. Hierzu Salzkartoffeln.

Hering-Meerrettich-Sülze

Zutaten
12 Salzheringe, 2 Zitronen,
500g rote säuerliche Äpfel,
150g Zwiebeln (fein würfeln),
3 Bunde Dill,
150g Meerrettich gerieben,
12 Blatt weiße Gelatine,
450g Joghurt,
400ml Fischfond

Zubereitung
Salzheringsfilets kalt abspülen, trockentupfen und sehr fein würfeln. Die Schale von den Zitronen fein abreiben, 5 EL Saft auspressen. Die Äpfel vierteln, entkernen, fein würfeln und in 2 EL Zitronensaft wenden, Zwiebeln feinwürfeln, den Dill (bis auf 2 Stiele zum Garnieren) abzupfen und hacken. Eine Hälfte Dill mit Fischwürfeln, Zitronenschale und Meerrettich mischen und mit Pfeffer würzen. Die andere Hälfte Dill mit Apfel- und Zwiebelwürfeln mischen. Gelatine in kaltem Wasser einweichen. Joghurt und Fischfond glattrühren, mit Salz und Pfeffer würzen. Gelatine tropfnass bei milder Hitze auflösen, mit dem Joghurt und dem restlichen Zitronensaft verrühren. 15 - 20 Minuten kaltstellen.

Eine Form (2 Liter Inhalt) kalt ausspülen. Einen dünnen Spiegel hineingießen und 15 Minuten kaltstellen. Dann die Dillstiele hineinlegen und alle Zutaten in dünnen Lagen in die Form schichten. Mit Aspik bedecken. Über Nacht abgedeckt kaltstellen. Zum Stürzen die Form kurz in warmes Wasser tauchen. Die Sülze mit einem Messer vom Rand lösen, vorsichtig auf eine Platte gleiten lassen und in Tortenstücke schneiden. Dazu passen Bratkartoffeln.

Kapitel 2

Meerrettich

Meerrettich – scharf und gesund

Der Meerrettich stammt aus Südosteuropa und Westasien, wo er seit etwa 2000 Jahren kultiviert wird. Anbau in Mitteleuropa seit dem 12. Jahrhundert. Wahrscheinlich brachten ihn schon die Kelten sehr viel früher von ihren Zügen aus der Ukraine nach Europa mit.
Die Wurzeln des Meerrettichs enthalten sogenannte Senf-Öle. Sie entfalten eine antibakterielle Wirkung und können ähnlich wie Antibiotika gegen Infektionskrankheiten eingesetzt werden. Vor allem nutzt man die stark verdauungsfördernde Wirkung aus, die das Fließen fast aller Verdauungssäfte, auch der Galle, stark anregt.
Einjährige Wurzeln dienten ursprünglich als Heilmittel, heute jedoch überwiegend als Gewürz. Sie enthalten 0,2% stechend riechende Senf-Öle, Glycoside, Vitamin C und Kalium. Zerriebene Wurzeln werden frisch zu Fleisch, Fisch, Wurst und Salaten gegessen oder für Meerrettichsoßen, Meerrettichkäse und Meerrettichquark verarbeitet. Die Naturheilkunde nutzt die antibakteriellen, fiebersenkenden und harntreibenden Eigenschaften bei Erkältungen, Nieren-, Harnwegs- und Atemwegserkrankungen.

Meerrettich-Quark

als gesunder und pikanter Brotaufstrich

250g Quark werden mit 3 - 5 EL Milch oder ungesüßter Sahne glatt gerührt und mit Salz abgeschmeckt; dazu gibt man 100 - 150g geriebenen Meerrettich.

Meerrettich-Butter

(zu Brat- oder zu Pellkartoffeln)

150g Butter mit 1 - 2 EL geriebenen Meerrettich, 1 TL gehacktem Dill (oder feingehackter Zwiebel) verrühren und mit Salz, Pfeffer und etwas Zitronensaft abschmecken.

Meerrettich-Gemüse

Als Beigabe zu Rindfleisch werden 300g Gemüse-Meerrettich mit 125g Butter leicht angeröstet und nach und nach mit Fleischbrühe aufgegossen. Nach ca. einer halben Stunde Erhitzung (die gewünschte Schärfe kann durch die Länge der Erhitzung bestimmt werden – nicht kochen!) schmeckt man mit 1 TL Zucker und etwas Salz ab. Nun wird in zerlassener Butter 1 EL Semmelbrösel goldbraun angeröstet und in das Gemüse gegeben, das dadurch sämig und gebunden wird.

Meerrettichcreme-Suppe

Zutaten
1 EL Butter oder Margarine, 1 Zwiebel,
5 EL Meerrettich,
200g Doppelrahm-Frischkäse,
1 Ltr. Gemüsebrühe, Salz, Pfeffer,
Zitronensaft, 150g Räucherfisch, Petersilie

Zubereitung
Die feingehackte Zwiebel in Fett dünsten. Meerrettich und Käse hinzufügen. Bei milder Hitze rühren, bis der Käse schmilzt. Gemüsebrühe zugießen, aufkochen. Alles im offenen Topf 10 Min. köcheln. Immer wieder mit dem Schneebesen durchrühren. Suppe pikant würzen. Räucherfisch in feine Streifen schneiden und mit Petersilie unter die Suppe mischen.

Meerrettich-Creme

Zutaten
100g Speisequark (20%),
100g Magerjoghurt,
frische Küchenkräuter,
1 EL Tafel-Meerrettich

Zubereitung
Quark mit Joghurt verrühren und geschnittene Kräuter untermischen. Creme mit Meerrettich und Zitronensaft abschmecken, salzen und pfeffern.

„Kater"-Trunk

Tomatensaft und kalte Milch, verquirlen mit einem Löffel Tafel-Meerrettich sowie einer Prise Salz und Pfeffer, taugt als morgendlicher Muntermacher.

Meerrettich-Spinat oder -Wirsing

Spinat oder Wirsing wie gewohnt zubereiten, jedoch vor dem Servieren als besondere, würzige Note Tafel- oder Sahne-Meerrettich (Dosierung nach Geschmack) unterrühren.

Meerrettich-Fischfilet

Das Fischfilet wird mit Salz und Pfeffer bestreut und mit Tafel- oder Sahne-Meerrettich eingerieben. Dann paniert man das Filet in Mehl, Ei und Semmelbröseln und backt es in der Pfanne goldbraun.

Stampfkartoffeln
mit Meerrettich zum Eisbein

Zutaten
500g Kartoffeln, 1/8 Liter Milch,
40g Butter, 50g Tafel-Meerrettich

Zubereitung
Kartoffeln schälen, in Salzwasser garen, abgießen und gut ausdämpfen. Inzwischen die Milch etwas ankochen lassen. Dann die Kartoffeln heiß durch die Kartoffelpresse drücken und die eingekochte Milch nach und nach mit dem Schneebesen unterrühren. Butter unterrühren und mit etwas Muskat und Salz abschmecken. Tafel-Meerrettich dazugeben und die geschlagene Sahne unterheben.

Rote-Beete-Suppe mit Meerrettich-Sahne

Zutaten
350g Rote Beete, geschält, in Würfel geschnitten,
100g Zwiebeln, geschält, in Würfel geschnitten,
10g Margarine, 3/4 l Gemüsebrühe, 150g Sahne,
2-3 TL frisch geriebene Meerrettichwurzel,
2TL Basilikum, getrocknet, 2 TL Edelhefe,
1 Msp. Muskatnuss, 1 Msp. Ingwer,
1 TL Schabzigerklee oder Sauerampfer, 1 Msp. Paprika

Zubereitung
Margarine erhitzen, Zwiebeln und Rote Beete darin andünsten. Mit Gemüsebrühe ablöschen und 30 Min. leicht köcheln lassen. Die Suppe mit dem Pürierstab pürieren und mit den Gewürzen abschmecken. Die Sahne steifschlagen und den fein geriebenen Meerrettich unterrühren. Die Hälfte der Meerrettich-Sahne sofort unter die Suppe heben. Die Suppe in Suppentassen servieren und mit der restlichen Sahne garnieren. Zubereitungszeit: 40 Minuten.

Rindfleisch mit Meerrettichsoße

Zutaten
1 1/2 - 2kg Rinderschmorfleisch,
Zwiebeln, Möhren, Sellerie,
Salz, Pfeffer, Butter, Mehl,
1 - 2 Eier, eine Stange Meerrettich

Zubereitung
Rinderschmorfleisch mit viel Wurzelwerk, Salz, Pfeffer abkochen, danach erkalten lassen, Mehlschwitze zubereiten (zu gleichen Teilen Butter und Mehl) und mit der erkalteten Brühe ablöschen. Nochmals mit Salz, Pfeffer und eventuell mit wenig Zucker abschmecken. Verquirlte Eier unterziehen, nicht mehr kochen! Nun reichlich Meerrettich (wenn möglich nur frisch von der Stange geriebenen) in die Soße geben (bei 1 Liter Brühe etwa 100 - 150g), vor dem Servieren braune Butter über die Soße geben. Meerrettichsoße schmeckt auch gut zu Fisch oder Eiern!

Kapitel 3

Leinsamen & Leinöl

Leinöl - Brotaufstrich

Zutaten
2 TL Leinöl,
Kräutersalz,
Knoblauch,
kleingehackte Zwiebeln,
Petersilie,
evtl. eine zerdrückte Tomate,
Haferflocken

Zubereitung
Das Ganze verrühren und mit Haferflocken vermengen, bis ein streichfähiger Brotaufstrich entsteht.

Leinsamenkeks

Zutaten
Sehr bekömmlich; gut auch gegen Verstopfung.
Benötigt werden 500g Haferflocken,
40g Leinsamen, 500g Mehl,
25g Speiseöl, 1 Teelöffel Salz,
2 Teelöffel Zucker, 1 Teelöffel Backpulver,
Kümmel und Ingwer nach Belieben

Zubereitung
Haferflocken und Leinsamen 6-7 Stunden in kaltem Wasser einweichen. Mit den übrigen Zutaten zu einem Teig verarbeiten. Dünn ausrollen, zu Keksen schneiden/stechen oder zu Stangen formen. Auf gefettetem Blech bei mäßiger Hitze backen.

Leinöl-Puffer

Zutaten
Ca. 2kg Kartoffeln, 200g Zwiebeln,
1 Liter Buttermilch,
1 EL Mehl, 1 Ei, Salz, Pfeffer, Zucker,
frisches (!) Leinöl zum Ausbacken

Zubereitung
Die geschälten Kartoffeln reiben und anschließend das Kartoffelwasser ausdrücken (am besten mit einem kleinen Leinsäckchen = „Kartoffelsack“). Zwiebeln sehr klein hacken oder reiben und mit den weiteren Zutaten der Kartoffelmasse hinzufügen und gut vermengen. Aus der Masse dann mit den Händen kleine Puffer formen und in dem Öl von beiden Seiten goldgelb braten. Dazu schmecken Apfelmus und Heidelbeeren.
Hinweis: Das Leinöl sollte frisch sein, damit die Puffer nicht bitter schmecken. Wer Leinöl nicht mag, kann auch Raps- oder Sonnenblumenöl verwenden.

Leinölstippe

Zutaten
1 Teller mit Leinöl, 1 Teller mit Zucker, frische Brötchen

Zubereitung
Ein halbes Brötchen in das Leinöl „titschen“ oder „stippen“, dann kurz in den Zucker drücken – für die Spreewälder köstlich. Wer die Stippe nicht süß mag, nimmt eine Prise Salz an Stelle des Zuckers. Und frisches Brot, Leinöl und saure Sahne sind eine weitere Variation der Stippe. Steht den Spreewäldern eines der vielen Feste bevor, bei denen es feuchtfröhlich zugeht, nehmen sie gern einen Schluck Leinöl pur vorher. Wohl die einfachste und gesündeste Mahlzeit für zwischendurch.

Leinsamenbrot

Zutaten
600g Roggenmehl, 250g Weizenmehl, 150g Leinsamen, 40g Hefe, 1 TL Zucker, etwa 1/2 Liter lauwarmes Wasser, 1 1/2 TL Salz

Zubereitung
Roggenmehl, Weizenmehl und Leinsamen in eine Schüssel geben und mischen. Eine Mulde hineindrücken, Hefe mit Zucker und 8 EL lauwarmem Wasser und etwas Mehl zum Vorteig verrühren. Den Vorteig in die Mulde gießen und die Schüssel zugedeckt 20 Minuten warmstellen. Restliches Wasser und Salz dazugeben und alle Zutaten 10 bis 15 Minuten zu einem glatten Teig verarbeiten. Eine Kugel daraus formen und auf dem Blech etwa 40 Minuten warmgestellt gehen lassen. Das Leinsamenbrot vor dem Backen kreuzweise einschneiden, mit lauwarmem Wasser bepinseln und mit etwas Mehl bestreuen. Im vorgeheizten Backofen bei starker Mittelhitze auf der mittleren Schiene bei 220°C 20 Minuten backen, dann bei milder Mittelhitze fertigbacken. Gesamtbackzeit etwa 1 Stunde.

Gemahlener Leinkuchen mit Früchten, Haferflocken und dicker Milch

Zutaten
1 Apfel, 1 Becher dicke Milch,
Haferflocken,
4 EL gemahlener Leinkuchen

Zubereitung
Das Obst in kleine Stücke schneiden, mit der dicken Milch verrühren und das Leinkuchenmehl darübergeben. Ebenfalls sehr zu empfehlen ist gemahlener Leinkuchen zu Quark.

Kapitel 4

Gurken

Gesund eingelegt

Legt man Gurken in eine schwache Salzlösung, beginnen Milchsäurebakterien zu arbeiten. Sie vergären die Kohlenhydrate, töten andere Bakterien ab, machen die Zellwände weich und bilden Säuren und Geschmacksstoffe. Saure Gurken fördern die Flora des Darmes und sorgen für eine gesunde Entschlackung unseres Körpers. Beim Einlegen von Gurken sollte man Experimentierfreude walten lassen. Manchmal kann ein Ansatz auch misslingen, denn Milchsäurebaktcrien sind sehr empfindlich. Die Gurken sollten stets fest sein. Weiche oder durch Kunstdünger aufgeblähte Gurken gären nicht. Sie faulen leicht und zerfallen.

Salzgurken

Zutaten
5kg kleine feste Gurken, Eichen- oder Kirschblätter
Pfefferkörner, Fenchelsamen, Zwiebelringe, Thymian

Zubereitung
Die Gurken werden gewaschen und getrocknet. Mit Salz einreiben und über Nacht stehenlassen. Am nächsten Tag ein großes Tongefäß mit Eichen- oder Kirschblättern auspolstern. Darauf eine Schicht Gurken geben. Reichlich mit Salz bestreuen, dann die Gewürze zugeben: Pfefferkörner, Fenchelsamen, Zwiebelringe, etwas Thymian. Darauf wieder Blätter, nochmals Gurken, Salz, Gewürze. Wenn alle Gurken eingeschichtet sind, wieder mit Blättern abdecken, mit einem passenden Brett beschweren. Wasser kochen, abkühlen und auffüllen. Nach acht Tagen bei Zimmertemperatur sind die Gurken fertig. Man sollte nicht zögern, die Gurken schnell aufzuessen, da sie nicht unbegrenzt haltbar sind. Auf jeden Fall sollten sie nun kühl stehen.

Dieser Typ Salzgurken ist glasig-graugrün und riecht angenehm sauer. Die Flüssigkeit, von der sie bedeckt sein müssen, ist leicht milchig und bildet eine dünne Schimmelschicht an der Oberfläche, die man abschöpft (je mehr Salz, um so sicherer die Konservierung, je weniger Salz, um so besser der Geschmack).

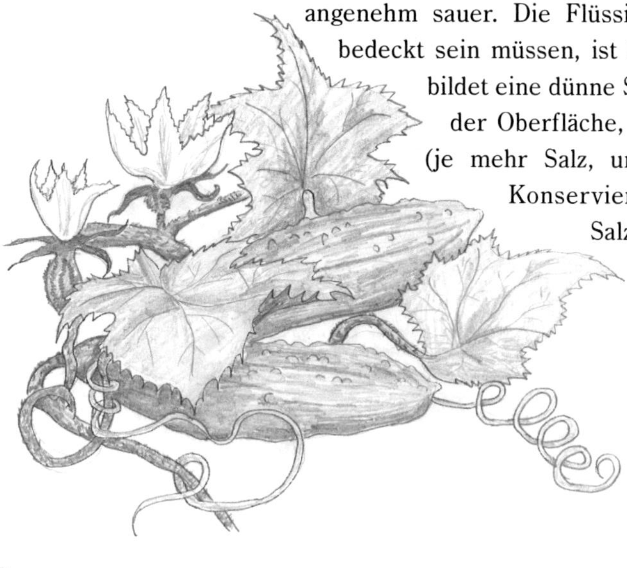

Knoblauchgurken

Zutaten
4kg Gurken, eine große Handvoll Weinblätter,
Bund Dill, einige Knoblauchzehen

Zubereitung
Die Gurken und die Weinblätter waschen, Dill und einige Knoblauchzehen schälen und zerhacken. 3 l Wasser mit etwa 4 - 5 EL Salz aufkochen und kalt werden lassen. Die Gurken abwechselnd mit den Gewürzen in ein sehr sauberes Tongefäß schichten, mit dem Salzwasser übergießen. Mit einem Teller abdecken und beschweren. Gegebenenfalls mit einem Tuch gegen Keime abdecken. Je nach Wärme sind die Gurken in ein bis zwei Wochen fertig und sollten in den nächsten 2 Wochen gegessen werden.

Gurkensalat in Dillsahne

Zutaten
2 Salatgurken, Salz, Pfeffer,
2 EL Essig, 1 TL Senf, Öl,
feingeschnittener Dill, 4 - 5 EL Sahne

Zubereitung
2 Salatgurken schälen und in Scheiben schneiden. Danach etwas Salz, Pfeffer, Essig, Senf, Öl und Dill hinzufügen und mit der Sahne vermengen. Alles etwa eine halbe Stunde durchziehen lassen.

Spreewälder Schnellgurken

Zutaten
1kg grüne Gurken,
1 - 2 Zwiebeln,
2 TL Salz,
3 TL Senfkörner,
3 EL Zucker,
6 EL Kräuteressig,
Pfefferkörner,
2 Lorbeerblätter

Zubereitung
Die Gurken schälen und in Scheiben schneiden. Salz, Senfkörner, Zucker, Kräuteressig in einer Tasse miteinander vermengen. Zwiebeln in Ringe schneiden. Gurken schichtweise in eine Schüssel legen und jeweils mit Zwiebelringen, Pfefferkörnern, 2 Lorbeerblättern und Kräutergemisch auffüllen. Alle 5 Stunden Gurken gut durchrühren und eine Nacht stehen lassen. Danach sind die Gurken tafelfertig.

Spreewälder Gurkenkaltschale

Zutaten
2 mittelgroße Salatgurken, 1 l saure, gut gekühlte Milch,
Salz, Pfeffer, eine Prise Zucker, 1 EL feingeschnittenen Dill

Zubereitung
Salatgurken werden in die gekühlte Milch gehobelt. Anschließend etwas Salz, Pfeffer, Zucker sowie den Dill hinzufügen. Vor dem Servieren nochmals kühlstellen.

Lübbener Gurken

Zutaten
Feste, mittelgroße grüne Einlegegurken,
Salz, frischer Estragon, frischer Dill,
Sauerkirsch- und Weinblätter

Zubereitung
Die Gurken sauber abbürsten und in einem genügend großen Tontopf 24 Stunden wässern, dass sie gut bedeckt sind. Die Gurken herausnehmen, die Flüssigkeitsmenge feststellen und das Wasser wegschütten. Zu dem frischen Wasser der entsprechenden Menge 1/2 l mehr hinzufügen. Mit dem Salz aufkochen (auf 1 l Wasser 40g Salz) und abkühlen lassen. Die Gurken abtrocknen, mit einem Holzstäbchen einstechen, mit den Blättern Dill und Estragon schichtweise in den Tontopf legen, so dass noch ein handbreiter Rand bleibt. Zum Schluss mit einer Lage Blätter abschmecken. Das Salzwasser darübergießen, mit einem Holzbrettchen oder Teller bedecken und einem gesäuberten Stein beschweren. Mit einem Geschirrtuch darüber kühlstellen. Nach der Gärung den Kahm vorsichtig abnehmen und Blätter und Kräuter entfernen. Die durch ein Sieb gegossene Lake aufkochen und erkaltet wieder über die Gurken gießen. Stein und Brett säubern, damit beschweren, mit Einmachhaut verschließen und kühlstellen. Die Salzgurken halten sich bei entsprechender Lagerung ungefähr bis Weihnachten.

Kapitel 5

Frische Salate

Frische Vitamine

Unter der täglichen Nahrung eines jeden sollte sich frisches Gemüse befinden. Es ist nahrhaft, erfrischend und gesund. Die Zubereitung keiner Speise ist so verschiedenartig wie die der Gemüse, fast in jedem Lande, in jeder Gegend ist die Art und Weise anders.

Bunter Gemüseteller

Zutaten
4 - 6 Kartoffeln (je nach Größe und Appetit), gewaschen,
in Wasser gargekocht; 1 kleine Zwiebel gewürfelt,
1 Knoblauchzehe gewürfelt, 3 EL Rapsöl, 1 - 2 TL Kräuter,
2 - 3 Möhren, in dünne Scheiben geschnitten; 2 Tomaten gewürfelt,
etwa 4 Tassen frischer Spinat, geputzt,
2 EL Tomatenmark, Salz und Pfeffer, 2 EL Leinöl

Zubereitung
Zwiebel und Knoblauch in einer Pfanne in Öl anbraten. Möhren dazugeben und etwa 5 Minuten mitbraten (evtl. nach einiger Zeit etwas Wasser hinzufügen). Tomaten und Spinat zufügen, alles köcheln lassen, bis die Möhren weich sind. Tomatenmark einrühren, mit Wasser strecken, so dass die Soße nicht zu dickflüssig bleibt. Mit Salz und Pfeffer abschmecken. Die Kartoffeln (mit oder ohne Schalen) mit dem Gemüse servieren und die Kräuter drüberstreuen, dazu Leinöl und Salz reichen.

Gurkensalat

Zutaten
1 Gurke, Zwiebeln (kleingehackt),
Schnittlauch, Petersilie, Salz, Zucker, Leinöl

Zubereitung
Was eine frische Gurke zu einem besonderen Gurkensalat macht, liegt an seinem einzigartigen Dressing! Raspeln Sie eine Gurke und fügen Sie feingehackte Zwiebeln, Schnittlauch, Petersilie, Salz und eine Prise Zucker hinzu. Jetzt setzen Sie die gewisse Nuance und verrühren das Ganze mit frischem Leinöl!

Gurkensalat mit saurer Sahne und Leinöl

Zutaten
Salatgurken (ca. 1500g), 1 Becher saure Sahne
50g Leinöl, 20g Dill, 20g Petersilie, 20g Schnittlauch

Zubereitung
Die Salatgurken waschen, schälen und raspeln. Salz und Pfeffer hinzugeben und ca. 30 Minuten stehen lassen. Das ausgetretene Gurkenwasser abgießen. Erst dann die saure Sahne, die gehackten Kräuter und das Leinöl unterrühren. Danach nochmals abschmecken.

Sülzwurstsalat mit Gurken

200g Sülzwurst, 1 mittelgroße grüne Gurke, 3-4 Gewürzgurken würfeln.
1 Zwiebel kleinschneiden und hinzufügen. Anschließend mit 1 Prise Salz, Öl, 2 EL Essig und feingeschnittenem Schnittlauch verfeinern.

Bohnen-Tomaten-Gemüse

Zutaten
375g grüne Bohnen,
1 Zwiebel, 3 EL Leinöl, 375g Tomaten,
1 Prise Salz, Bohnenkraut, Basilikum

Zubereitung
Die geputzten, gebrochenen grünen Bohnen und eine mittelgroße gehackte Zwiebel in Leinöl anschmoren. Tomaten feinschneiden, etwas Bohnenkraut hinzufügen und zugedeckt bei Mittelhitze garen. Mit Salz und Basilikum abschmecken. Dazu passen gut Pellkartoffeln.

Wachsbohnensalat

Zutaten
Wachsbohnen, Bohnenkraut,
Zwiebeln (gewürfelt), Essig, Leinöl

Zubereitung
Die gewaschenen und auf 3 cm lange Stücke geschnittenen Bohnen werden mit Bohnenkraut und Salz gargekocht. In einer Schüssel wird aus Essig, Zwiebelwürfeln, Salz und Pfeffer eine würzige Marinade bereitet. Die Bohnen von Sud und Bohnenkraut trennen und noch in heißem Zustand mit der Marinade übergießen und umrühren. Mindestens 2 Stunden ziehen lassen. Kurz vor dem Servieren nochmals nachwürzen und durch Beigabe von Spreewälder Leinöl verfeinern. Anstelle der Wachsbohnen können für den Salat auch grüne Bohnen verwendet werden.

Tomaten-Gurken-Salat

Zutaten
Gurken, Tomaten, Zwiebeln (gewürfelt),
Dill, Petersilie, Leinöl, Zucker, Salz, Pfeffer

Zubereitung
Gurken und Tomaten säubern, salatgerecht zerkleinern, mit Salz, Essig, Zucker, Pfeffer, Zwiebelwürfeln, Dill, Petersilie und einigen Tropfen Leinöl vermischen und durchziehen lassen. Sommerzeit ist Leinölzeit!

Gurkensalat
mit Stampfkartoffeln und Zucker

3 Salatgurken schälen, raspeln und mit Salz und Pfeffer, 1 TL Zucker und etwas Essig würzen. Nach ca. 10 Minuten Gurkenwasser abgießen und durch saure Sahne ersetzen. Frisch gehackten Dill, etwas Petersilie, Schnittlauch dazugeben. Alles mit einem kräftigen Schuss Leinöl verfeinern. Zu Pellkartoffeln oder Stampfkartoffeln mit Rührei reichen.

Rotkohlsalat mit Meerrettich

Zutaten
50g Rotkohl, 5g Walnusskerne, 2 rote Zwiebeln, 1 Bund Schnittlauch, 3 EL Weinessig, 10ml Öl, 50g Tafel-Meerrettich, Zucker, Salz, Pfeffer

Zubereitung
Rotkohl vierteln und in sehr feine Streifen hobeln. Mit 1 TL Salz in eine Schüssel geben und 7 - 10 Minuten mit den Händen kneten, dann gut ausdrücken. Walnusskerne grob hacken, Zwiebeln pellen und in feine Streifen schneiden. Schnittlauch in Röllchen schneiden. Aus Weinessig, etwas Salz, schwarzem Pfeffer, 1 Prise Zucker und Öl eine Vinaigrette rühren. Mit den vorbereiteten Zutaten und Meerrettich mischen und 15 - 20 Min. durchziehen lassen.

Kapitel 6

Deftiges

Spreewälder Grützwurst

Zutaten
Ein halber Schweinskopf mit Backe, ein Kilo Gersten- bzw. Buchweizengrütze, ein Liter Blut, dazu Majoran, Thymian, vier Zwiebeln, Pfeffer, Salz

Zubereitung
Den Schweinskopf nicht zu weich kochen, bis sich das Fleisch gut von den Knochen lösen lässt. Dann mit zwei bis drei Liter Fleischbrühe die Grütze anrühren. Das Gefäß mit der Grütze in einen großen Topf mit kochendem Wasser stellen und mindestens eine Stunde lang quellen lassen. In der Zwischenzeit das fette Fleisch durch einen Fleischwolf drehen, die Schwarten und das übrige Fleisch in kleine Würfel schneiden. Die großen Zwiebeln mit durch den Fleischwolf drehen. Ist die Grütze fast weich gequollen, wird sie mit dem Blut, dem Fleisch, reichlich Majoran, wenig Thymian, Salz und Pfeffer gut vermischt. Das Salz muß etwas vorschmecken, da ein Teil auskocht. Zum Schluss die fertige Masse in Gläser füllen und zwei Stunden einwecken.

Rindfleisch gekocht mit Meerrettich

(für 4 Personen)

Zutaten
800g Rindfleisch (Hüftdeckel vom Rind), 2 l Wasser, 1 TL Salz, 3 Möhren, 1 Stange Lauch, 150g Sellerie, 1 Petersilienwurzel, 1 Zwiebel, Meerrettich

Zubereitung
Das Wasser in einem großen Topf mit Salz zum Kochen bringen. Das Fleisch hineinlegen und 2 Stunden bei milder Hitze köcheln lassen. Das Suppengemüse putzen und kleinschneiden, etwa 30 Minuten vor Ende der Garzeit zufügen. Die Butter erhitzen und mit Mehl und Fleischbrühe eine Mehlschwitze herstellen. Mit Salz würzen und die Sahne zugeben, etwas einkochen. Meerrettich und geriebenen Apfel einrühren. Zum Servieren das Fleisch in Scheiben schneiden und auf einer Platte mit den Gemüsen umlegen, etwas Fleischbrühe übergießen. Die Soße extra reichen.

Bratwurst mit Sauerkraut

Zutaten
4 - 8 Bratwürste je nach Größe, 1 EL Bratfett, 750g Sauerkraut, 1 Zwiebel, 1TL Zucker, 250g entsteinte Pflaumen, 75g Speckwürfel, etwas Wasser

Zubereitung
Die Speckwürfel mit der kleingeschnittenen Zwiebel glasigdünsten, Sauerkraut und Wasser dazutun und 15 Min. kochen lassen. Danach die halbierten Pflaumen zugeben und noch 15 Min. mitkochen. Die Würste brühen, abtrocknen und braten.
Das Kraut in eine Schüssel geben und die Bratwürste darauf anrichten. Stampfkartoffeln dazu reichen.

Pellkartoffeln, Leinöl und Quark

Zutaten
Pellkartoffeln,
Quark, Sahne,
Leinöl, Salz,
Pfeffer, Zwiebeln, Kräuter

Zubereitung
Um die gewöhnliche Pellkartoffel in ein echt Spreewälder Leibgericht zu verwandeln, rühren Sie Quark mit etwas Milch oder je nach Gaumenschmaus – mit etwas Sahne an. Das nötige Quantum Salz und Pfeffer darf nicht fehlen. Dazu fein gehackte Zwiebeln und Kräuter und – zu guter Letzt – die besondere Note des Gerichtes: das Leinöl – ganz frisch!

Gebratene Kartoffeln

Zutaten
1 kg rohe Kartoffeln,
Salz, Pfeffer, 1 Ei
1/4 l Milch, 75 g geriebener Käse, 1 - 2 EL Leinöl

Zubereitung
Auflaufform gut mit Leinöl einfetten, danach die in Scheiben gehobelten Kartoffeln hineinfüllen. Alle übrigen Zutaten gut vermischen und über die Kartoffeln gießen, so dass diese bedeckt sind. 40 - 50 Minuten im Backofen backen.

Kohlrabi - Eintopf

Zutaten

Pro Person eine Knolle Kohlrabi mit Grün, 1 mittelgroße Kartoffel, Suppenfleisch oder Rindfleisch, Kümmel, Salz, evtl. zusätzlich frisches Kohlrabigrün, evtl. Pfeffer abschmecken

Zubereitung

Das abgeschnittene Grün von den Rippen streifen, gründlich waschen, in feine Streifen schneiden und in einem Durchschlag mit kochendem Wasser übergießen. Die Knolle schälen, in Scheiben schneiden und diese vierteln. Das Suppenfleisch mit kaltem Wasser ansetzen und abschäumen. Nach ca. 30 Min. Kochzeit die Kohlrabi, das Grün, Kümmel und Salz dazutun. Inzwischen die Kartoffeln schälen, in Stücke schneiden und ebenfalls hinzufügen. Nach Ende der Garzeit – die Kartoffeln dürfen nicht zerkochen – wenn nötig mit Salz und Pfeffer abschmecken. Zum Schluss das zerkleinerte Fleisch unterheben und kurz mit erhitzen.

Gebackene Holunderblüten

Zutaten
Holunderblüten, Weißwein, Bier, Wasser, 2 Eier, 1 EL Rum,
1 EL zerlassene Butter oder Schweineschmalz, Mehl

Zubereitung
Die Blüten werden gewaschen, abgetrocknet, wenn sie sehr groß sind, in 2-3 Teile zerlegt, in Backteig getaucht und im heißen Fettbad gebacken. Man richtet sie mit den Stielen nach oben auf flacher Schüssel warm an und bestreut sie mit Zucker und Zimt.
Ausbackteig: Eine Obertasse voll Weißwein, Bier oder Wasser, 2 Eidotter, 1 EL guten Rum, 1 EL zerlassene Butter oder Schweineschmalz verrührt man mit so viel Mehl, dass ein dickflüssiger glatter Teig wird, den man kräftig rührt, bis er Blasen wirft, fügt etwas Salz und Zucker hinzu und zuletzt den festen Schnee der 2 Eiweiße. Der Teig muss so dick sein, daß er die hineingetauchten Blüten bedeckt.

Spreewälder Gurkensuppe

Zutaten
2 - 3 große Gurken, 1 Tomate, Fleischbrühe, Mehl, Zitrone, Salz, Pfeffer,
1 TL Zucker, geröstete Semmelstückchen

Zubereitung
Die Gurken abschälen, entkernen und weichkochen und mit einer Tomate durch ein Sieb streichen. 1 - 1 1/2 Liter Fleischbrühe mit diesem Püree verkochen und mit etwas Mehl bindig machen. Anschließend mit etwas Zitrone, Salz, Pfeffer, 1 TL Zucker würzen und mit gerösteten Semmelstückchen anrichten.

Kalte Holundermilch

Zutaten
2 Holunderblütendolden,
1 l Milch, 1 EL zerrührte Stärke
oder Kartoffelmehl, Zucker,
Salz, 1 - 2 Eier, Zimt

Zubereitung
Zwei Holunderblütendolden werden in 1 l Milch etwa 10 Minuten gekocht und entfernt. Dann lässt man einen Eßlöffel voll zerrührter Stärke oder Kartoffelmehl durchkochen, rührt die Suppe mit Zucker, etwas Salz und 1 - 2 Eidottern in der Terrine ab und legt von dem mit Zucker zu Schaum geschlagenden Eiweiß Klößchen darauf, bestreut diese mit Zucker und Zimt und läßt sie in der Terrine zugedeckt gar und die Holundermilch kalt werden. Die Holundermilch findet nur bei einzelnen Beifall, im allgemeinen wird der Holundergeschmack gescheut.

Holundersuppe

Zutaten
1000g Holunderbeeren, 1 1/2 l Wasser,
Schale einer Zitrone, 1 Stange Zimt,
einige Nelkenköpfe, 1 Prise Salz

Zubereitung
Holunderbeeren, Wasser, Schale einer Zitrone, Zimt, Nelkenköpfe und Salz werden 1/2 Std. gekocht und durch ein Haarsieb gegeben.
250g Zucker, 4 - 5 geschälte würzige Äpfel in Achtel schneiden, 2 Handvoll entsteinte gelbe Pflaumen in dem Saft kochen und mit 2 EL Mais- oder Kartoffelmehl andicken. Die fertige Suppe mit Zitronensaft und evtl. etwas Zucker abschmecken. Aus 2 Semmeln Würfel schneiden und sie in 1 EL Butter rösten. Die Suppe wird auf Tellern serviert und mit diesen Würfeln bestreut. Dazu gibt es auf einem besonderen Teller Stampfkartoffeln, die reichlich mit ausgelassenem Speck und Zwiebeln vermengt werden.

Kapitel 7

Pilze

Pilzpfanne

Zutaten
750g Pilze,
1 Zwiebel,
50g Margarine,
Petersilie,
500g -750g gekochte Kartoffeln,
Salz, Kümmel

Zubereitung
Geschnittene Pilze in heißer Margarine gar dünsten, dabei Zwiebelwürfelchen, Salz und Kümmel zugeben. Die in Scheiben geschnittenen Kartoffeln unterheben und auf kleiner Flamme durchziehen lassen. Mit gehackter Petersilie bestreuen.

Marinierte Pilze

Zutaten für die Marinade
1 l Speiseessig,
Salz und Zucker,
5 Nelken,
1 kleines Stück Ingwer,
10 Pfefferkörner,
1 Lorbeerblatt,
5 Pimentkörner,
10 kleine Zwiebeln

Zubereitung

Die Pilze werden gesäubert und in schwachem Salzwasser (1 EL Salz auf 1 l Wasser) eine Viertelstunde lang gekocht, danach wird die Brühe abgegossen. Die Zutaten für die Marinade werden 10 Minuten gekocht. Nach dem Kochen gibt man 1g Salicylpulver, 1 EL Salz und 1 TL Zucker hinzu und gießt die heiße Marinade über die abgekochten Pilze, die man in Einkochgläser gefüllt hat. Mit Einkochfolie verschließen.

Grünlinge sauer

Zutaten
2/3 Grünlinge, 1/3 Kartoffeln, Wasser, Salz, Pfeffer- und Gewürzkörner, Zwiebeln, Lorbeerblatt, Essig, Suppenwürze, Speck

Zubereitung
Die Pilze gründlich waschen, bei den größeren Köpfen die Haut abziehen und sie in mundgerechte Stücke schneiden. Die Pilze mit kaltem Wasser bedeckt ansetzen und alle Gewürze, außerdem Essig, hinzufügen. Die Zwiebeln in Scheiben schneiden, auslassen und unterrühren.

Saurer Pilzeintopf

Zutaten (für 4 Personen)

500g Mischpilze,
2 Zwiebeln,
durchwachsener Speck
je nach Bedarf,
Prise Salz,
Zucker, Pfeffer,
1 - 2 Lorbeerblätter,
1 Tomate,
5 Pfefferkörner,
3 - 4 große Kartoffeln,
Essig oder Zitrone,
Margarine, Mehl,
1 Bund Petersilie

Zubereitung
Pilze putzen, waschen, zerkleinern. Eine Zwiebel, eine Tomate und durchwachsenen Speck in Scheiben schneiden. Alles in einen Kochtopf geben und mit Wasser gefüllt zum Kochen bringen.

Hinzugeben: Lorbeerblätter und Pfefferkörner sowie Salz, Pfeffer, etwas Zucker. Nach ca. 20 Minuten Kochzeit abschmecken. Die geschälten und in Stücke geschnittenen Kartoffeln hinzugeben. In der Zwischenzeit die zweite Zwiebel sowie 3 - 4 dünne Scheiben durchwachsenen Speck in Würfel zerkleinern und diese in Margarine im Tiegel zart goldgelb anbraten. Dann einen gehäuften EL Mehl hinzugeben und bräunen lassen. Jetzt entfernen wir die im Kochtopf ausgekochten Speckscheiben, um unsere Mehlschwitze mit Zwiebel-Speckstücken in den Kochtopf zu geben. Alles aufkochen, bis die Kartoffelstückchen gar sind. Abschmecken je nach Bedarf mit Essig oder Zitrone sowie zerkleinerte Petersilie hinzugeben.

Pilzpfanne

Zutaten
500g Mischpilze (Einheimische aus dem Wald, wie Birkenpilze, Butterpilze, Rotkappen, Steinpilze, Pfifferlinge),
50g Speck oder Schinkenspeck,
1 mittelgroße Zwiebel,
1 EL Margarine,
5 überreife Tomaten,
3 Eier,
1 kleines Bund Petersilie,
Pfeffer und Salz

Zubereitung
Pilze putzen, nach Möglichkeit mit wenig Wasser, lieber mit etwas Mehl säubern. Dazu werden die Pilze in einem Durchschlag mit etwas Mehl bestäubt und darin leicht geschwenkt. Das Mehl bindet den an Pilzen anhaftenden Schmutz gut. In einer Pfanne werden dann der kleingeschnittene Speck und die Zwiebel glasig geschmort. Dann geben wir den EL Margarine hinzu und die Pilze mit den zerkleinerten Tomaten, würzen alles nach Geschmack mit Salz und Pfeffer und schmoren alles ca. 10-15 Minuten. Kurz vor Ende der Schmorzeit geben wir die verquirlten Eier hinzu und lassen sie leicht stocken. Zum Schluss wird die zerhackte Petersilie darübergestreut und eventuell mit Brot serviert.

Kapitel 8

Honig

Erfrischungsgetränk

aus Honig, Apfelessig, Zitronen und Holunderblüten

Im Haushalt kann ein erfrischendes, alkoholfreies Getränk bereitet werden, dessen Genuss – parallel zu den verschiedenen Imkereierzeugnissen – anstelle anderer industriell hergestellter Getränke zu empfehlen ist.
Zutaten: 10 l (gekochtes und abgekühltes) Wasser,
2 kg Honig, 1/2 Liter Apfelessig mit Honig, 10 Holunderblütenstände, 4 in Scheiben geschnittene Zitronen.
Die Zutaten werden zusammen in ein Gefäß (großes Einkochglas oder Flasche) gegeben. 10 Tage wird täglich gut gemischt. Es empfiehlt sich, die Öffnung des Gefäßes mit einem Tuch oder Folie abzubinden und es bei Zimmertemperatur (18 - 22°C) zu halten. Nach 10 Tagen wird durch eine Gaze gefiltert. Zu dieser Flüssigkeit werden 100g gebräunter, in 200ml Wasser aufgelöster Honig hinzugegeben. 10 Tage zum Klären geben.

Das Erfrischungsgetränk ist schmackhaft, nahrhaft, anregend und aromatisch. Es wird in luftdicht verschlossenen Flaschen aufbewahrt. Nach Geschmack wird Sprudel- oder Mineralwasser hinzugegeben. Nebenwirkungen gibt es keine.

Honigkuchen 1

Zutaten
1kg Honig,
wird gekocht, gut abgeschäumt und so lange hingestellt, bis er erkaltet ist. Dann werden folgende Dinge hinzugegeben:
1/2kg feiner Zucker,
1 1/2kg Mehl,
4 Eier,
10g Kardamom,
10g Zimt,
10g Nelken,
1/2kg zerhackte Mandeln,
10g Pottasche,
30g Hirschhornsalz (Pottasche und Hirschhornsalz in Wasser auflösen),
die geriebene Schale von 2 Zitronen

Zubereitung
Man knetet den Teig tüchtig und lässt ihn zunächst mindestens 2 Tage stehen. Dann wird er ausgerollt und ziemlich heiß gebacken. Wenn man den mengenmäßig nach obiger Backvorschrift hergestellten Teig auf einem Backblech (40 x 60 cm) ausrollt, wird der Kuchen etwa 4 cm hoch. Schließlich lässt sich auf den Honigkuchen noch ein Zuckerguss in der üblichen Weise anbringen, doch darf dieser keine Beimengungen (Rosenöl, Schokolade usw.) enthalten, damit der Honigkuchengeschmack voll zur Geltung kommen kann und nicht durch einen Beigeschmack beeinträchtigt wird.

Honigkuchen 2

In 1/2kg heißem Honig schmilzt man 45g frische Butter, vermischt die Masse mit 1/2kg feinem Mehl und setzt nach dem Erkalten des Teiges 7g in Rum aufgelöste Pottasche zu. Nach 2 - 3 Tagen knetet man den Teig tüchtig, gibt 30g gemahlene süße Mandeln und die auf Zucker abgeriebene Schale einer Zitrone zu. Alsdann rollt man den Teig auf einem mit Mehl bestreuten Brett dünn aus, schneidet runde Kuchen davon und bäckt sie auf einem vorher mit Butter bestrichenen Blech.

Zutaten
2kg Honig,
250g Butter,
2kg Mehl,
1 1/2kg Zucker,
125g Zitronat,
4g feiner Zimt,
eine Muskatnuss,
4g Nelken,
6g Kardamom,
4g gepulverte Orangenschale,
125g Mandeln, teils gemahlen, teils zur Verzierung, und zuletzt 70g in 1/4 Liter Rum aufgelöste Pottasche werden in bekannter Weise zu Teig vermengt. Dieser wird ausgerollt, kleine Kuchen daraus geformt und gebacken.

Kapitel 9

Kürbis

Kürbis einlegen

Zutaten
Kürbis, 1/3 einfacher Essig, 2/3 Wasser, Zucker, Zitronenschale, Gewürzkörner, Nelken, Zimt, Zitronensaft

Zubereitung
Den Kürbis zerteilen und kleine Vierecke mit dem Messer schneiden. Den geschnittenen Kürbis in einen Tontopf schütten. 1/3 Essig und 2/3 Wasser aufkochen, erkalten lassen und über den Kürbis gießen. Über Nacht stehen lassen. Am nächsten Tag Zucker (auf 1 Liter Wasser 500g Zucker) und Wasser, der Menge des Kürbis entsprechend, mit den Gewürzen, die in ein Mullbeutelchen gebunden sind, aufkochen. Den Kürbis aus dem Essigwasser nehmen, dazutun und so lange leicht kochen, bis er glasig ist. Von der Kochstelle nehmen und mit Zitronensaft abschmecken. Alles in ein großes Glas oder in einen Tontopf füllen. Mit Einmachhaut zubinden und kühlstellen.

Kürbisgemüse

Zutaten
750g Kürbis geschält, 2 EL Spreewälder Leinöl, 1/8 l Weißwein, herb, 10g Zucker, 1/8 l Joghurt, 1 Prise Salz, 1 Prise schwarzen Pfeffer, 1 Prise weißen Pfeffer, Pfefferminze, 1 Knoblauchzehe

Zubereitung
Die geschälten dünnen Kürbisscheiben mit Salz und einer großen Prise schwarzem Pfeffer verschütteln, 15 Minuten ruhen lassen. Eine kleine zerdrückte Knoblauchzehe in 2 EL Spreewälder Leinöl kräftig anschmoren, Kürbis hinzufügen und leicht bräunen. Den herben Weißwein und den Zucker hinzufügen und zugedeckt auf Mittelhitze garen. Das Ganze mit Joghurt verfeinern und mit Salz, etwas weißem Pfeffer und frischer oder getrockneter Pfefferminze abschmecken. Die angegebene Menge reicht für 3 Personen.

Kapitel 10

Spreewälder Grundrezepte

Quark-Leinöl-Grundrezept

Zutaten

200g Quark, 2 EL Spreewälder Leinöl, etwas Milch

Zubereitung
Quark, Spreewälder Leinöl und etwas Milch werden zu einer dicken Creme geschlagen und beliebig verwandelt. Beispiel: Mit Honig süßen, mit gehackten Nüssen, Feigen oder Datteln, mit geraspeltem oder beliebig zerteiltem Obst (Apfel, Birne, Banane, Orange, Pflaume, Ananas, Erdbeere etc.) vermischen oder über die Früchte füllen und als Frühstücks- oder Zwischenimbiss oder Nachtisch reichen oder mit Salz, Paprika, Senf, Meerrettich, Kräutern, Sardellenpaste, geraspelten rohen Gemüsen, kleingeschnittenen Tomaten oder Gurken, Ketchup etc. herzhaft anrichten und mit Pellkartoffeln, in der Schale gebackenen Kartoffeln oder Brot servieren.

Zwiebelquark mit Leinöl

Zutaten
Speisequark, saure Sahne, Zwiebel (gehackt), Schnittlauch

Zubereitung
Speisequark mit Salz, weißem Pfeffer, saurer Sahne und kleinen Zwiebelwürfeln gleichmäßig verrühren. Zur Verfeinerung geschnittenen Schnittlauch oder Zwiebellauch unterziehen, einen kleinen Teil als Garnitur zurückbehalten. Den fertigen Zwiebelquark gleichmäßig auf flachen Tellern oder Keramikschüsseln anrichten, in der Mitte eine Vertiefung eindrücken und Spreewälder Leinöl eingießen, so dass es einen kleinen „See" bildet. Den äußeren Rand mit dem zurückbehaltenen Lauch garnieren. Dazu Pellkartoffeln oder Vollkornbrot reichen.

Grundrezept für gesalzenes Gebäck

Zutaten
500g Mehl, 20g Hefe, 200g Milch, 1 TL Salz, 80g Leinöl

Zubereitung
Man rührt mit der lauwarmen Milch die Hefe glatt. Dann gibt man die übrigen Zutaten hinein und knetet den Teig (am besten mit der Hand), bis er glatt ist, Blasen wirft und sich von Hand und Schüssel löst. Nun lässt man ihn in der Schüssel zur doppelten Höhe gehen und verarbeitet ihn zu beliebigem Gebäck. Dieser Teig ist Basis für alle salzigen Hefegebäcke wie Hefeklöße, Kuchen etc.

Grundrezept für süßes Gebäck

Zutaten
500g Mehl, 20g Hefe, 200g Milch (knapp), 80g Spreewälder Leinöl,
60-80g Zucker, Prise Meersalz, Zitronenschale nach Belieben

Zubereitung
Man rührt mit der lauwarmen Milch die Hefe glatt. Dann gibt man die übrigen Zutaten hinein und knetet den Teig (am besten mit der Hand), bis er glatt ist, Blasen wirft und sich von Hand und Schüssel löst. Nun lässt man ihn in der Schüssel zur doppelten Höhe gehen und verarbeitet ihn zu beliebigem Gebäck.

Quark-Leinöl-Teig

Zutaten
150g gut ausgepresster Quark, 6 EL Milch, 6 EL Spreewälder Leinöl,
75g Zucker Vanillezucker und Backpulver, 1 Prise Salz, 300g Weizenmehl

Zubereitung
Den Quark (zur Verfeinerung durch ein Sieb passieren) mit Milch, Spreewälder Leinöl, Zucker, Vanillezucker und Salz verrühren. Danach gut die Hälfte des mit Backpulver gemischten und gesiebten Mehls esslöffelweise dazugeben und mit dem Rest des Mehls verkneten. Der Quark-Leinöl-Teig ist der Basisteig für viele Gebäckarten wie Bienenstich, Egerländer Schnecken, Haselnusskranz, Nussröllchen etc.

Kapitel 11

Aus einem alten handgeschriebenen Kochbuch

Hier Rezepte aus dem handgeschriebenen Kochbuch aus Zerkwitz bei Lübbenau, 1927. Bei der Rezeptauswahl wurde bei den Zutaten weitgehend auf genaue Maß- und Mengenangaben verzichtet, da in der bäuerlichen Küche nicht nach strengen Vorschriften, sondern eher nach der persönlichen Erfahrung gekocht wurde. Außerdem bewiesen die Gerichte immer wieder die Unterschiedlichkeit der Geschmäcker; die eine Köchin kocht gern mehr süß, die andere mehr würzig, die Dritte mehr sauer. So gestalten sich auch die Rezepte im Spreewald nach individueller Passion einer jeden Hausfrau.

Tomatensuppe

1 Pfund Tomaten werden gebrüht und abgezogen, 1 Zwiebel wird geschält, kleingeschnitten und in Butter halb gargeschmort, dann werden die Tomaten dazugegeben und ebenfalls angedünstet. Anschließend mit Pfeffer, Salz und 1 Prise Zucker würzen.
Das 1/4 Pfund Reis gekocht, bis der Reis gar ist. Kurz vor dem Anrichten gibt man 1/2 TL voll Fleischextrakt hinein und lässt alles noch einmal aufkochen.

Schneemilch

3 Liter Milch werden gekocht, etwas davon zu 6 Eigelb geschlagen, dann wieder zurück zu der Milch, Zucker und Vanille, etwas in Milch angerührtes Kartoffelmehl daran. Das Eiweiß zu Sahne geschlagen, in Flöckchen darübergestreut.

Fischsuppe

12 Heringe mit Köpfen, aber sanft zurechtgemacht, kaufen, diese waschen und salzen, mit kochendem Wasser ansetzen und die Fische ziemlich zerkochen lassen, dann durch ein Sieb rühren. Diese durchgesiebte Brühe mit in Butter geschwitztem Mehl andünsten. Noch ein Stück Butter, 1 Prise Pfeffer, Muskatnuss und Safran, um eine andere Farbe zu geben, und alles kochen lassen.

Schwemmklößchen

1 Stückchen Butter wird zu Schaum gerührt. Dazu gibt man ein Ei, Salz, Muskatnuss, 2 - 3 EL Mehl und eine kleine Messerspitze Backpulver. Von diesem Teige sticht man kleine Klößchen ab, die man in fertige Suppe gibt und darin durchkochen lässt.

Rhabarbersuppe

Rhabarber wird geschält, gewaschen, in Würfel geschnitten und in kochendem Wasser blanchiert. Man gibt ihn dann in eine Kasserolle, gibt dazu etwas Zimt, Apfelsinenschale, Zitronensaft, etwas Wasser und viel Zucker und dämpft ihn weich, dann gießt man dazu das nötige erkaltete Wasser und schmeckt die Suppe ab.

Weinsuppe

Man bereitet eine helle Einbrenne, diese löscht man mit einem halben Liter Apfelwein ab, gibt dazu etwas Zucker, Salz, Zimt. Zuletzt zieht man es mit Ei ab.

Bechamel-Kartoffeln

1 1/2kg Kartoffeln, 1/4 Pfund rohen Schinken durch die Fleischmaschine, 2 Zwiebeln, 100g Butter mit 100g Mehl geschwitzt, nach und nach 1/2 Liter Brühe und 3/4 Liter Rahm dazurühren, mit etwas Salz, Fleischextrakt und Zwiebeln würzen und nun die kleinen gekochten Kartoffeln in der Sauce aufkochen.

Geschmorte Gurken

1 große Gurke (gelbe) wird geschält und ausgenommen. Dann in Werfel (Spreew. Mundart, Anm. Lehmann-E.) geschnitten und ca. 3/4 Stunde in Wasser mit etwas Salz, Essig und Zucker gekocht. In einem Topf lässt man ein gutes Stück Butter braun werden, dann die Gurken aus dem Wasser direkt in die braune Butter. Hierzu tut man noch etwas Salz, Pfeffer, Zucker, 1 TL voll Zitronensaft und 1/2 TL Fleischbrühe in etwas heißem Wasser aufgelöst dazu. Nun etwas Mehl darüberstreuen und langsam gardämpfen lassen.

Kalbsbrust

Zutaten: 2 kl. entknochelte Kalbsbrust, 100g abgebrühter Reis, Salz, 20g Butter, zwei große Zwiebeln, 50g Bratbutter, 4 zerschnittene Paradiesäpfel (Tomaten), ein Stück Sellerie, 10 Pfefferkörner, eine große Messerspitze Fleischextrakt.

Die Kalbsbrust wird mit dem Reis, nachdem dieser mit Wasser, Salz, Butter und einer Zwiebel weich- und steifgekocht wurde, zugenäht. Man blanchiert die Kalbsbrust, brät sie in Butter braun, gibt dann die Paradiesäpfel, die zweite Zwiebel, Sellerie und Pfefferkörner sowie 1 Tasse kochendes Wasser daran und dünstet sie weich. Die durchgestrichene Sauce wird mit Fleischextrakt durchgekocht und zur Kalbsbrust serviert.

Hasenklein

Lunge, Leber, Herz, Nieren und der Abfall vom Braten des Hasen werden fein wie Nudeln geschnitten und in einer Kasserolle mit der Butter und etwas Zwiebeln weichgedünstet. Dann wird das Mehl dazugestaubt und das Ganze mit einem Tassenkopf Fleischbrühe aus 1/2 TL Fleischextrakt bereitet, noch einige Zeit gedämpft, vor dem Anrichten gibt man das nötige Salz, Pfeffer und 1 Glas Apfelwein oder etwas Essig dazu.

Steinbutt

Erst ausgenommen werden sie in kräftigem Salzwasser abgekocht. Der Kopf wird mitgekocht. Ist es ein großer Butt, schneidet man ihn der Länge nach durch, kleine Butten bleiben ganz (mit Butter, Petersilie, 2 Stengel werden in Wasser mit Salz und Essig ca. 10 Min. gekocht, d.h., nur ziehen lassen. Die Köpfchen muss man 20 Min. salzen und in Essig ziehen lassen. Man legt die Fische etwas früher hinein, da dieselben schwerer garwerden.

Berliner Hecht

Ins kochende Wasser kommt Salz, Zwiebeln, ganzer Pfeffer, Petersilienwurzeln, Lorbeerblatt und etwas Zitronenschale. Darin die Fische garkochen, dann 1 Löffel Mehl mit etwas Butter kalt anrühren, hinzu nach und nach ca. 5 dl. (Doppelliter) sauren Rahm dabei. Dieses tut man in eine durchgesiebte kochende Fischbrühe, dann nochmals aufkochen. Vor dem Servieren kommt noch Petersilie daran. 6 Fische müssen stets in kochendem Fett und die weiße Seite zuerst gebraten werden !!!

Gebackenes Gehirn

Kalbsgehirn wird gewaschen, getrocknet, geputzt, gepfeffert, gesalzen in Mehl, Ei und Semmelbrösel eingehüllt und dann in heißem Fett oder Butter mit Kümmel und grüner Petersilie gebraten.

Holländische Sauce zu Fisch

30g Butter, 20g Mehl, 5g Fleischextrakt, 1/2 l Fischwasser, 1 TL Zitronensaft, ein wenig Muskatnuss, 2 zerquirlte Eigelb

Das Mehl wird in Butter hellgelb geschwitzt, mit dem Fischwasser und 5g Liebig Fleischextrakt zu sämiger Sauce verkocht, die man mit Zitronensaft, Pfeffer und wenig Muskatnuss würzt. Zuletzt zieht man die durchgestrichene Sauce mit dem Eigelb ab.

Pfannkuchen

Man bereitet zuerst einen Hefeteig. Zu einem 1/2 Pfund Mehl gibt man 100g Zucker, etwas abgeriebene Zitronenschale, eine Prise Salz, 1/2 l Milch, 2 ganze Eier, etwas Butter und Rindertalg zerlassen. Wenn der Teig gut verrührt ist, gibt man das gut aufgegangene Hefestück dazu und arbeitet den Teig gut durch. Dann stellt man ihn zum Aufgehen. Der Teig wird ausgestochen und gefüllt. Nachdem sie gut aufgegangen sind, werden sie in Fett schön hellbraun gebacken. Nach dem mit Zucker glasiert.

Gebackene Ohrfeige

5 Gelbeier (Eigelb, Anm.), 5 EL Zucker rührt man schaumig, gibt Saft und Schale von einer halben Zitrone in den Schaum. Man gibt in einen heißgestellten Tiegel Butter oder Fett und bäckt die Ohrfeige wie Eierkuchen, aber nur auf einer Seite und schlägt dann die eine Hälfte des Kuchens über die andere. Sie muß frisch auf den Tisch kommen.

Italienischer Salat

Kalbfleisch in Streifen schneiden, gekochter Schinken und andere Rester Aufschnitt, einige geschälte Salzgurken, geriebene Zwiebel, Brechbohnen, Apfel, Zucker, Senf, Essig, Pfeffer und Salz, 4 gehackte Heringe und Mayonnaise darüber, dann garnieren.

Die kalte Mayonnaise

1 gekochtes Gelbei und 2 rohe werden gerührt, dazu gibt man tropfenweise 1 TL Öl und rührt das weiter auf kaltem Boden, womöglich auf Eis. Dann gibt man dazu 1 EL Brühe, in der man 1 - 2 Blatt Gelatine aufgelöst hat. Dann Salz und Zucker, etwas grüne Petersilie, Senf oder gereinigte Sardellen, auch Krebsfleisch.

Polnische Gurken

Nach dem Einsetzen der 24-stündigen Rast abgetropft und mit leichtem, kochendem Essig übergossen, der am nächsten Tag nochmals gekocht und über die Gurken gegossen wird. Damit hat der Essig seine Schuldigkeit getan und kann gehen. Die Gurken werden mit Dill, Senfkörner, Meerrettich, Pfeffer in einen Steintopf gepackt. Dann wird je Liter Weinessig mit 1 Pfund Zucker gekocht und im siedenden Zustande über die Gurkenscheiben gegossen. Sie brauchen, um sich zu voller Eigenart entwickeln zu können, etwa 2 Monate und werden immer köstlicher, je älter sie werden. Mit anderen – dem Gesetz des Alters unterworfen – sind sie also nicht zu vergleichen.

Vanille-Creme

Zutaten: 1 Päckchen von Dr. Oetker Vanillinzucker, 3 Eier, 75g Zucker, 1/2 Liter Milch, 50g Feinstes Stärkemehl wie z.B. Mais-, Weizen oder Reispuder.
Zubereitung: In einem Emailletopf rührt man das Eigelb mit dem Zucker und Vanillinzucker schaumig und gibt nach und nach das mit 6 EL voll Wasser angerührte Stärkemehl hinzu. Zuletzt gibt man die Milch dazu und bringt das Ganze unter fortwährendem starken Rühren zum Kochen. Wenn die Masse einige Mal aufgekocht ist, nimmt man sie vom Feuer, lässt sie unter Rühren etwas abkühlen und mischt dann mit dem Schneebesen das zu steifen Schnee geschlagene Eiweiß darunter. Die fertige Vanille-Creme wird in eine Glasschale gefüllt und zum Erkalten beiseitegestellt. Vor dem Anrichten kann man die Creme mit Makronen, Gelee, Früchten usw. einfassen.

Im selben Kochbuch

6.10.1945 Hefeersatz: (Mundart)
4 mittlere Kartoffeln gerieben, 1 EL Zucker und 1 EL Mehl rühren, bis reif ist.
Ende des handgeschriebenen Kochbuches.

Kapitel 12

Einfache und beliebte Spreewaldrezepte

Spreewälder Buttermilchsuppe

In die kalte Buttermilch wird etwas Mehl eingequirlt und unter ständigem Rühren das Ganze zum Kochen gebracht. Danach wird mit Salz, Zucker und Zimt abgeschmeckt.

Kürbissuppe

Den Kürbis schälen und das Kerngehäuse entfernen. Danach den Kürbis in mittelgroße Stücke schneiden, besser noch würfeln und weichkochen lassen. Milch mit etwas Mehl andicken und mit heißer Milch auffüllen. Zum Schluss mit Salz, Zucker und Zimt abschmecken.

Spreewälder Zwiebelsuppe

4 - 5 große Zwiebeln schneiden und in nur wenig Wasser weichkochen. Aus Butter und Mehl eine Schwitze bereiten und die Zwiebelbrühe dazugeben. Alles gut verrühren. Danach mit einer Knochen- oder Fleischbrühe auffüllen und nochmals aufkochen lassen. Das Ganze mit Salz und Pfeffer würzen.

Wildschweinroulade

Von den Rippen das Fleisch im Ganzen ablösen. Wie bei Rindsrouladen das Fleisch mit Salz und Pfeffer würzen. Anschließend mit Senf bestreichen. Auf die gewürzte Seite 1 Streifen fetter Speck (oder auch geräucherter Schweinebauch), 1 halbe Gewürzgurke und Zwiebelscheiben nach Belieben. Fleisch zusammenrollen und mit Bindfaden oder Rouladennadeln fixieren. In einer Pfanne Öl (oder Margarine) zerlassen und Rouladen darin knusprig-braun anbraten, anschließend mit Wasser Bratenfond auffüllen. Wacholderbeeren und Pfefferkörner hinzufügen und alles gut durchkochen lassen. Anschließend mit Sahne oder gequirltem Mehl andicken und etwas Zitrone hinzufügen.

Helle Specktunke

Speck auslassen, mit gehackter Zwiebel dünsten und anschließend mit in Wasser gequirltem Mehl andicken. Wenig warmes Wasser hinzufügen und mit Salz und Pfeffer würzen. Dazu werden Brot oder Pellkartoffel und saure Gurke (am besten Schnellgurken) gereicht.

Gelbe Tunke

Geräuchertes Schweinefleisch, Suppengrün und Gewürze nach Belieben garkochen. Aus Butter und Mehl eine helle Schwitze bereiten und dann mit Fleischbrühe auffüllen. Für die Gelbfärbung der Tunke wird eine Messerspitze Safran, anschließend Salz hinzugefügt. Das Fleisch in Scheiben schneiden, in die gelbe Soße legen und mit Kartoffeln servieren.

Kartoffelplinze

Die frischen Kartoffeln werden geschält, auf dem Reibeisen kleingehobelt und mit etwas Salz gewürzt. Das eiserne Plinzeisen wird kräftig mit Speck eingerieben, darauf dann die Kartoffelmasse aufbringen und von beiden Seiten gut backen lassen. Die fertigen Plinze kann man entweder mit Zucker, Marmelade oder Konfitüre bestreichen und einrollen. Dazu wird Bohnenkaffee gereicht.

Hefeplinze nach Lübbenauer Art

Ca. 250g Mehl, etwas Hefe, 1 Prise Salz, 1/2 EL Zucker, wenig Vanillinzucker und Milch. Die Zutaten werden gut vermengt und 30 Min. stehen gelassen. Eine mittlere Pfanne mit Leinöl auspinseln, Plinzmasse dünn einfüllen und beiderseits goldgelb backen. Anschließend mit Butter, Zimt und Zucker bestreuen.

Kirschsuppe mit Sago

Reife Sauerkirschen waschen und in Zuckerwasser leicht aufkochen. Sago nach Bedarf hinzufügen und leicht köcheln, bis das Sago glasig ist. Anschließend die fertige Suppe mit einem Schuss Zitrone verfeinern.

Pellkartoffeln mit saurer Gurke

Rote Kartoffeln mit der Schale kochen. Fetten Speck in kleine Würfel schneiden und zu Grieben braten lassen. Pellkartoffeln schälen und sofort Speckgrieben mit Fett darüber. Dazu frische saure Gurken reichen.

Bohnensuppe (süßsauer)

Bohnen über Nacht in Wasser einweichen. Am nächsten Tag in Salzwasser weichkochen, anschließend Wasser abgießen. 1 Stück Schweinebauch (Menge nach Belieben) in Salzwasser köcheln lassen und anschließend in kleine Stücke

(Würfel) schneiden. Rohe Kartoffeln in Würfel schneiden und mit gekochten Backpflaumen in Fleischbrühe kochen lassen. Sind die Kartoffeln gar gekocht wird das Ganze mit Mehlklößchen ergänzt und mit Salz, Zucker und etwas Essig süßsauer abgeschmeckt.
Mehlklößchen: Mehl, Milch, 1 Ei und etwas Zucker werden miteinander vermengt und zu einem Teig geknetet. Das Ganze zu einer Wurst rollen und anschließend mit einem Esslöffel Klößchen davon abstechen.

Kartoffelsuppe

Salzkartoffeln kochen, Kochwasser in einen zweiten Topf abgießen, Salzkartoffeln grob stampfen. Danach Speck auslassen, darin kleingehackte Zwiebel bräunen und über die gestampften Kartoffeln schütten. Anschließend mit soviel Kochwasser auffüllen, dass eine sämige Suppe entsteht. Das Ganze mit Salz, Pfeffer und gehackten Kräutern überstreuen.

Pellkartoffel mit saurem Hering

Heringe werden über Nacht gewässert, dann ausgenommen, gesäubert und in kleinere Portionsstücke geschnitten. Anschließend wird der Hering mit Leinöl, Essig und Zwiebel verfeinert und muss 2 - 3 Stunden durchziehen. Danach wird das Ganze mit Dickmilch oder Sahne sowie gewürfelter Gurke verrührt und nochmals mit einem Schuss Leinöl verfeinert.

Brotsuppe

Altbackenes Brot in Würfel schneiden und in kochendes Wasser geben. Nur kurz köcheln lassen, Salz und Pfeffer hinzugeben und mit ausgelassenem Speck und fein geschnittenem Knoblauch verfeinern.

Kartoffelsuppe mit Pilzen

Getrocknete Pilze einen halben Tag im Wasser weichen lassen. Anschließend mit einer Zwiebel in Salzwasser kochen. Salzkartoffeln stampfen und Pilze mit Brühe über Stampfkartoffeln gießen und zu einer sämigen Suppe verrühren. Das Ganze mit Salz, Pfeffer und ausgelassenem Speck verfeinern.

Grützwurst mit Sauerkraut

2 - 3 Grützwürste erhitzen. Dazu Pellkartoffeln und Sauerkraut reichen.

Fülling mit Pellkartoffeln

1 dicke Scheibe Schneidewurst klein schneiden, in einem Tiegel Speck zerlassen und kleingehackte Zwiebel darin leicht anbräunen. Schneidewurst hinzufügen und alles gut miteinander verrühren. Dazu Pellkartoffeln und Sauerkraut reichen.

Biersuppe

Zu gleichen Teilen helles Bier und Malzbier aufkochen lassen. Die gleiche Menge Milch in einem anderen Topf erhitzen, anschließend Bier hinzufügen. Mit Mehl andicken und nochmals aufkochen. Danach vom Feuer nehmen, mit Salz und Pfeffer würzen. Ein Ei in Milch anrühren und untermengen. Vor dem Servieren über Suppe je nach Bedarf Rosinen darüberstreuen.

Holundersuppe

Holunderbeeren gut waschen und in Wasser aufkochen. Anschließend Beeren durch ein Sieb ausdrücken. Nelken, Zucker und Zimt hinzufügen und nochmals aufkochen lassen. Mehl in Milch anrühren und in die Suppe einquirlen, nochmals leicht köcheln lassen. Danach in Butter geröstete Semmelwürfel in tiefe Teller legen und Holundersuppe darübergießen. Statt frischer Holunderbeeren kann auch Holundersaft verwendet werden.

Gefüllte Täubchen

2 - 4 küchenfertige Tauben mit Hackfleisch füllen und zunähen. Mit wenig Salz und Pfeffer bestreuen. Jeweils 1 Scheibe fetten Specks auf die Brust legen und alles gut festbinden. Danach in Bratenpfanne Fett oder Margarine zerlassen und Tauben darin gut bräunen. Danach den Bratenfond mit Wasser aufgießen und Tauben kochen. Anschließend Mehl in kaltem Wasser anrühren und damit Bratflüssigkeit andicken. Nochmals leicht aufkochen und evtl. nochmals etwas nachwürzen. Dazu Salzkartoffeln und Apfelrotkohl reichen.

Zwiebelstippe

Fetter Speck (oder auch geräucherter Bauch) wird gewürfelt und mit viel Zwiebeln (kleingeschnittene) bräunlich durchgeschmort. 2 - 3 Tomaten und 1 saure Gurke in Stücke schneiden und mitschmoren. Mit Salz und Pfeffer würzen und das Ganze mit saurer Sahne verfeinern. Dazu werden Pellkartoffeln gereicht.

Sauerkirsch- oder Holundersuppe mit Teigeinlage

Die sauren Kirschen (oder gut gewaschenen Holunderbeeren) mit Wasser, Zucker, Nelken, Zimtstange und 1 Prise Salz ansetzen und kochen lassen, bis alles gut durchgezogen ist. Teig mit Ei, Zucker, 1 Prise Salz, Mehl miteinander verrühren, bis er zähflüssig vom Löffel abgleitet. Teigmasse tropfenweise vom Löffel in die Suppe gleiten lassen. Alles leicht köcheln lassen, bis Teigklößchen weich sind. Man kann die Suppe kalt oder warm servieren. Für heiße Tage eine Köstlichkeit.

Mohnpielen

Mohn wird mit heißen Wasser gebrüht und 1/4 Stunde stehen gelassen. Anschließend in einer Reibeschüssel mit der Reibekeule gerieben. Danach wird der geriebene Mohn mit kalter Milch und Zucker angerührt. Brötchen würfeln und dazu geben.

Brotsuppe

Brot vom Vortage schneiden, in Wasser mit Salz und Kümmel ansetzen, anschließend dick einkochen lassen.

Große Grieben

Schweinebauch in große Würfel schneiden, Pfeffer, Salz und Kümmel hinzufügen und in der Pfanne ausbraten. Dazu wird Brot gegessen.

Eintopf mit Backobst

Fleischbrühe mit kleingeschnittenen Kartoffelstückchen aufkochen, bis Kartoffeln weich sind. Nun selbstgetrocknete Apfel- und Birnenstücke und Pflaumen hinzufügen. Das Ganze wird süßsauer abgeschmeckt.

Saure Eier

Wasser, Lorbeerblatt, Zwiebeln, Salz, Piment und einige Pfefferkörner 20 Minuten köcheln lassen, dann alle Gewürze herausnehmen, den Sud mit Mehl andicken. Ausgelassenen Speck hinzufügen und alles süßsauer abschmecken. Die Eier am Topfrand aufschlagen und in den Sud hineingleiten und stocken lassen. Dazu werden Petersilienkartoffeln gereicht.

Inhalt